Inhalt

Nimm dir Zeit 9

1 Gastfreundschaft 11
2 Feinde vernichten –
Freunde gewinnen 13
3 Vom Leben überholt 14
4 Was heißt verlieren? 16
5 Was ist Armut? 17
6 Der Schatz der Liebe 19
7 Das bessere Geschenk 20
8 Gottes Glanz auf allem 22
9 Beginnt der Tag? 24
10 Wie man hineinruft 25
11 Auf die Liebe kommt es an 28
12 Scheuklappen 30
13 Lieben heißt neu beginnen 32
14 Satt sein ist mehr! 34
15 Rezept für ein gutes Jahr 36
16 Wunderbar einfach 38
17 Der dankbare Hund 40
18 Etwas fehlt 42
19 Das Schöne sehen lernen 44
20 Das Geheimnis des Glücks 46
21 Mit der Wahrheit lügen? 48

22 Eine Last, die stark macht 50
23 Wie man es betrachtet 52
24 Verwandlung 54
25 Gastfreundschaft in Grenzen 56
26 Brot der Hoffnung 57
27 Überrascht 59
28 Mehr als eine Gabe 61
29 Das Unvermeidliche lieben 62
30 Dem Herzen schenken 64
31 Zerrissene Kinderschuhe 66
32 Bei Lebensgefahr 68
33 Die Rettung war so nah 70
34 Mann und Frau 72
35 Frau und Mann 74
36 Das beste Geschenk 76
37 Ruhig schlafen 78
38 Problematisch 79
39 Die Wahrheit bringt‘s 81
40 Eile mit Weile 82
41 Die Wunderpillen 86
42 Wann das Leben beginnt 84
43 Das Lied der Harfe 87
44 Noch nie dagewesen 89
45 Goldene Äpfel auf silbernen
Schalen 90
46 Bedingungslose Liebe 92
47 Der andere Stein der Weisen 94

48 Nicht die Größe macht es,
aber die Liebe! 96
49 Dies ist der Tag 98
50 Ein scharfer, stechender Schmerz . . 100
51 Das Beste 102
52 Alles zu seiner Zeit 104
53 Vergiss die Freude nicht! 107
54 Erfolgreich glücklich werden 108
55 Die Aufrichtigkeit 109

Segen sei mit dir 111

Nimm dir Zeit

Die einzige Möglichkeit, Zeit zu haben, ist,
sich die Zeit zu nehmen.
Nimm dir Zeit zur Arbeit,
das ist der Weg zum Erfolg.
Nimm dir Zeit nachzudenken,
das ist die Quelle des rechten Tuns.
Nimm dir Zeit zum Spielen,
das ist das Geheimnis der Kinder.
Nimm dir Zeit zum Lachen,
das ist die Musik der Seele.
Nimm dir Zeit zum Lesen,
das ist der Brunnen der Weisheit.
Nimm dir Zeit, freundlich zu sein,
das ist die Brücke zum Andern.

Nimm dir Zeit zum Träumen,

das ist der Weg zu den Sternen.

Nimm dir Zeit zum Beten,

das ist die größte Kraft des Lebens.

Nimm dir Zeit zum Schlafen,

das erneuert die Kräfte für Leib und Seele.

Nimm dir Zeit für Menschen,

das ist wichtiger als viele Dinge.

Nimm dir Zeit für Gott,

denn ohne ihn ist jede Zeit verlorene Zeit!

Kauft die Zeit aus, denn es ist böse Zeit!

(EPHESER 5,16)

1

Gastfreundschaft

Rabbi Schmuel von Brysow war ein hoch geachteter Chassid. Und er war sehr reich. Eines Tages kam eine große Gruppe von jüdischen Kaufleuten nach Brysow. Und weil der Sabbat anbrach, wollten sie den Festtag über in der Stadt bleiben. Sie fragten bei Rabbi Schmuel an, ob sie in seinem Hause wohnen und das Sabbatmahl mit ihm teilen könnten. Rabbi Schmuel bot ihnen beides an, nannte aber einen sehr hohen Betrag als Bezahlung. Die Reisenden waren befremdet, dass ein Chassid für seine Gastfreundschaft Bezahlung verlangte. Aber sie hatten keine andere Wahl, blieben beim Rabbi. Und dann aßen und tranken sie über den Sabbat, was sie nur eben konnten. Ja, sie verlangten noch edle Weine und ausgewählte Speisen. Sie zögerten nicht, alle möglichen Sonderwünsche zu äußern, weil sie an die hohe Summe der Bezahlung dachten. Als die Kaufleute nach dem Sabbat ihre Reise fortsetzen und dem Rabbi die vereinbarte Summe zahlen wollten, wehrte der lächelnd ab und meinte: »Glaubt ihr wirklich, ich würde Geld annehmen für das Vorrecht, Reisenden Gastfreundschaft zu gewähren?« Die Kaufleute fragten verwirrt zurück, warum er dann den hohen Preis genannt habe. Und der Rabbi erklärte ihnen: »Ich fürchtete, es könnte euch peinlich sein, reichlich zu essen und die besten Weine zu kosten, wenn ihr euch als meine Gäste fühlt. Und mal ganz ehrlich, hatte ich nicht recht damit?«

Gastfrei zu sein, vergesst nicht,
denn dadurch haben einige
ohne ihr Wissen Engel beherbergt.

(HEBRÄER 13,2)

2

Feinde vernichten – Freunde gewinnen

Es lebte einst ein König, der mit dem benachbarten Königreich im Streit lag. Nun plante er, das Land seiner Feinde zu erobern und sie alle zu vernichten.
Der König zog los, um dem anderen Herrscher den Krieg zu erklären. Doch als seine Gefolgsleute ihn nach einigen Tagen im Heerlager aufsuchten, saß er mit seinen Feinden am Tisch und aß und lachte mit ihnen.
»Wir dachten, du wolltest deine Feinde vernichten?«, fragten sie ihn verwundert.
Der König lächelte und antwortete: »Nichts anderes habe ich getan! Ich habe sie zu meinen Freunden gemacht.«

Es heißt bei euch: Liebt eure Freunde und hasst eure Feinde. Ich sage aber: Liebt eure Feinde und betet für alle, die euch verfolgen. So erweist ihr euch als Kinder eures Vaters im Himmel.

(MATTHÄUS 5,43ff.)

3
Vom Leben überholt

Eine ältere Frau – graue Haare, buntes Leben – stärkt sich nach einem anstrengenden Stadtbummel im Schnellimbiss. Sie lässt sich eine Terrine Gulaschsuppe geben und findet einen freien Tisch, stellt ihre Suppe darauf und hängt ihre Handtasche darunter. Noch einmal kämpft sie sich durch die Menge der Leute und Tische und holt sich einen Löffel. Als sie zurückkommt, steht da ein junger Mann am Tisch und löffelt die Gulaschsuppe. Er ist schwarz und kommt aus Afrika. Die Frau schluckt ihre Entrüstung herunter, stellt sich dazu und isst mit ihm die Suppe. Nun schaut der Schwarze ganz verwundert. Aber dann löffeln sie beide einander zulächelnd die Suppe. Als die Terrine gemeinsam geleert ist, fragt der Afrikaner die Frau: »Darf ich Sie zu einer Tasse Kaffee einladen?« Die Frau nickt beglückt über so viel Freundlichkeit. Der Mann holt zwei Tassen Kaffee, und sie trinken ihn schweigend aus. Schließlich verabschiedet sich der junge Mann und verlässt den Imbiss.
Die Frau ist voller Freude über die ungewöhnliche Begegnung. Aber plötzlich durchzuckt

sie ein Gedanke. Sie fasst nach der Handtasche unter dem Tisch und greift ins Leere. Die Tasche ist weg. »So ein Gauner«, denkt sie und stürzt dem Mann hinterher. Aber der ist im Gewühl der Innenstadt längst verschwunden. Enttäuscht kehrt die Frau in den Imbiss zurück und entdeckt auf dem Nebentisch ihre Terrine Gulaschsuppe und ihre Handtasche darunter.

Einen jeglichen dünken seine Wege rein,
aber der Herr prüft die Geister!

(SPRÜCHE 16,2)

4

Was heißt verlieren?

Einmal wollte Gandhi in einen Zug steigen, doch dabei verlor er eine seiner Sandalen. Der Zug fuhr an, und so gelang es ihm nicht mehr, auszusteigen und sie zu holen. Kurzerhand zog er die andere Sandale auch noch vom Fuß und warf sie aus dem Fenster, sodass sie neben der ersten zu liegen kam.

Die übrigen Fahrgäste im Zug waren sehr verwundert über sein Verhalten, und schließlich traute sich einer von ihnen zu fragen: »Warum haben Sie das getan? Nun haben Sie zwei Schuhe verloren!«

Gandhi antwortete lächelnd: »Was soll ich mit einer Sandale? So hat wenigstens der, der beide findet, ein Paar, das er anziehen kann.«

Wer sich an sein Leben klammert,
der wird es verlieren.
Wer aber sein Leben für mich einsetzt,
der wird es für immer gewinnen.

(MATTHÄUS 16,25)

5

Was ist Armut?

Ein reicher Mann beschloss, dass sein Sohn auch die Kehrseite seines Lebens kennenlernen sollte und wollte ihm daher vor Augen führen, was es bedeutet, arm zu sein. Also fuhren sie aufs Land und quartierten sich dort bei einer armen Bauersfamilie auf dem Hof ein.

Als sie am nächsten Tag wieder zurück in die Stadt kamen, fragte der Vater den Sohn: »Und, wie fandest du unsere Reise?«

»Sehr spannend«, sagte der Junge.

»Da hast du wohl einiges begriffen«, meinte der Vater zufrieden. »Jetzt weißt du also, was Armut heißt, oder?«

»Stimmt!«, antwortete der Sohn.

»Und was lernst du daraus?«, wollte der Vater von ihm wissen.

»Ganz einfach: Wir haben bloß einen Hund, die Bauern hatten vier. Wir haben einen Swimmingpool, der die Hälfte unseres Grundstücks einnimmt, die Menschen auf dem Hof haben einen See, auf dessen Ende sie gar nicht sehen können. Wir haben eine Terrasse, die bis an den Rasen reicht, die Leute dort haben aber eine, die bis zum Horizont geht. Danke, Papa, dass du mir gezeigt hast, wie arm wir wirklich sind.«

Hört mir gut zu, liebe Brüder und Schwestern:
Hat Gott nicht gerade die erwählt,
die vor der Welt arm sind?

(JAKOBUS 2,5)

6

Der Schatz der Liebe

Ein altes Ehepaar geht zu Bett. Die Kissen werden aufgeschüttelt, der Wecker aufgezogen und in Sichtweite gestellt. Liebevoll schaut der Mann zu seiner Frau hinüber, streichelt ihr faltiges Gesicht und meint: »Mehr als fünfzig Jahr schlafen wir nun gemeinsam ein und sind glücklich miteinander. Glaube mir, Frau, nicht für eine Million gäbe ich dich her!«
»Ja, das weiß ich, Mann, aber du bist auch nicht zu haben, auch nicht für eine Million!« Zwei Menschen nach einem langen Leben und voll Wertschätzung füreinander. Sie sagen sich: »Nun schlafe gut!« Er gibt ihr noch einen Kuss und flüstert: »Hast du auch die Haustür gut abgeschlossen? Hier liegen schließlich zwei Millionen!«

Genieße das Leben mit deiner Frau,
die du lieb hast, solange du das eitle Leben hast,
das dir Gott unter der Sonne gegeben hat;
denn das ist dein Teil am Leben und bei deiner
Mühe, mit der du dich mühst unter der Sonne.

(PREDIGER 9,9)

7

Das bessere Geschenk

Einst schickte der König Artabon dem Rabbi Jehuda ein Geschenk, einen sehr kostbaren Edelstein. Damit verband er die Bitte, auch der Rabbi möge ihm etwas, was ihm wirklich teuer sei, als Geschenk senden. Da schickte ihm der Rabbi eine Mesusa. Das ist eine auf Pergament geschriebene, heilige Inschrift, die, in einem Behälter am Türpfosten angebracht, die Bewohner eines Hauses schützen soll.

Der König war über die Gabe des Rabbi verwundert und enttäuscht ließ er fragen: »Ich habe dir einen sehr teuren Edelstein geschenkt, du aber hast mir etwas geschickt, das keinerlei Wert hat.« Der Rabbi antwortete ihm: »Unsere Geschenke lassen sich nicht vergleichen. Du hast mir ein Geschenk gemacht, das ich mit Sorge behüten und bewahren muss. Ich dagegen habe dir ein Geschenk gemacht, das dich vor Sorgen behüten und bewahren wird.«

Du bist mein Schirm,
du wirst mich vor Angst behüten,
dass ich errettet gar fröhlich rühmen kann.

(PSALM 32,7)

8

Gottes Glanz auf allem

Ein Einsiedler lebte schon lange ganz allein in einer kleinen Hütte auf einem Berg. Bisweilen suchten ihn Menschen auf, um einen Rat oder einen Trost zu empfangen. Auch ein junger Mann besuchte ihn eines Tages, und der Weise fragte ihn: »Was lernst du gerade?« »Ich lerne, das Große groß und das Kleine klein zu sehen!« »Das ist gut, lerne weiter!«, meinte der Einsiedler. Ein Jahr darauf kam der junge Mann wieder und wurde erneut gefragt: »Was lernst du gerade?« »Ich lerne, dass das Große auch klein und das Kleine auch groß sein kann!« Und der Alte entließ ihn wieder mit dem Rat: »Das ist gut, lerne weiter!«

Ein Jahr später tauchte der junge Mann erneut beim Einsiedler auf. Auf die gleiche Frage antwortete er nun: »Ich lerne, dass es gar nichts Geringes gibt!« »Das ist gut, lerne weiter!«, mahnte ihn der Alte. Als der junge Mann dann mehrere Jahre ausblieb, machte sich der Weise keine Gedanken oder Sorgen um ihn, denn er wusste ihn auf einem guten Weg. Schließlich tauchte der inzwischen gereifte Mann wieder in der Hütte des Einsiedlers auf, lachte über das ganze Gesicht und meinte: »Ich lerne, auf allen Dingen, wie groß oder klein sie sein mögen, den Abglanz Gottes zu sehen!« Da umarmte ihn der Weise und segnete ihn.

Denn bei dir ist die Quelle des Lebens
und in deinem Licht sehen wir das Licht.

(PSALM 36,10)

9
Beginnt der Tag?

Ein alter Rabbi fragte einst seine Schüler, wie man die Stunde bestimmt, in der die Nacht endet und der Tag beginnt.

»Ist es, wenn man von weitem einen Hund von einem Schaf unterscheiden kann?«, fragte einer der Schüler. »Nein«, sagte der Rabbi. »Ist es, wenn man von weitem einen Dattel- von einem Feigenbaum unterscheiden kann?«, fragte ein anderer. »Nein«, sagte der Rabbi. »Aber was ist es dann?«, fragten die Schüler.

»Es ist dann, wenn du in das Gesicht irgendeines Menschen blicken kannst und deine Schwester oder deinen Bruder siehst. Bis dahin ist die Nacht noch bei uns.«

Wer sagt, er sei im Licht,
und hasst seinen Bruder,
der ist noch in der Finsternis.

(1. JOHANNES 2,9)

10

Wie man hineinruft …

In einem Gasthaus, in dem viele Menschen Rast machten, die auf der Durchreise waren, trat ein Wanderer abends müde in die Gaststube. »Habt Ihr noch einen Platz für mich?«, fragte er einen Dorfbewohner, der alleine an einem Tisch saß. »Sicher, setzt Euch doch! Woher kommt Ihr und wohin wollt Ihr?«, fragte dieser.
»Ich komme aus der scheußlichen Stadt ***Spiegel***. Alle, die dort leben, lügen und betrügen, sie beklauen sich gegenseitig, sind unfreundlich und wünschen ihren Nachbarn nur das Schlechteste. Bin ich froh, dass ich dort nicht mehr lebe. Jetzt möchte ich mir im nächsten Städtchen eine Bleibe suchen, aber Ihr kennt es doch sicher. Sagt mir: Wie sind die Menschen dort? Kann man dort leben?«
Der Dorfbewohner schaute ihn nachdenklich an und antwortete schließlich: »Nun ja, ich fürchte, du wirst dort keine besseren Menschen finden. Sie sind so wie die in der Stadt, aus der du kommst.«
Da wurde der Wanderer traurig. »Dann muss ich wohl weiterwandern und nach einer ande-

ren Stadt Ausschau halten, in der ich bleiben kann«, sagte er, stand auf und verließ die Gaststube.

Einige Zeit später öffnete sich die Tür und ein anderer fremder Wanderer betrat müde den Raum. Wieder trat er an den Tisch des Dorfbewohners, der dort wieder alleine saß, und fragte ihn: »Habt Ihr noch einen Platz für mich?«

»Gerne«, sagte der Dorfbewohner, »bitte setzt Euch! Woher kommt Ihr und wohin wollt Ihr?«

»Ich komme aus einer wunderschönen Stadt, **Spiegel** heißt sie, vielleicht kennt Ihr sie? Die Bewohner sind freundlich und nett, man kann auf ihr Wort zählen und gerät einer in Not, dann helfen sie sich gegenseitig aus. Leider kann ich dort nicht bleiben, weil mich der Beruf an einen anderen Ort ruft. Nun dachte ich, ich könnte mich im Nachbarstädtchen niederlassen, ich habe viel Gutes darüber gehört. Aber Ihr kennt Euch da bestimmt aus, sagt, wie sind die Menschen dort?«

Der Dorfbewohner lächelte. »Nun, du wirst dort keine anderen Menschen finden wie in **Spiegel** und dich dort sicher bald zu Hause fühlen!«

Da bedankte sich der Wanderer und verließ fröhlich den Schankraum. Der Dorfbewohner blieb jedoch noch lange lächelnd am Tisch sitzen und dachte an das Nachbarstädtchen, in dem genau die Menschen lebten, die man dort erwartete.

Du sagst: »Mein Bruder, komm her!
Ich will dir den Splitter aus dem Auge ziehen!«
Dabei erkennst du nicht,
dass du selbst einen Balken in deinem Auge hast.
Du Heuchler! Entferne zuerst den Balken
aus deinem Auge, dann kannst du klar sehen,
um auch den Splitter
aus dem Auge deines Bruders zu ziehen.

(LUKAS 6,42)

11

Auf die Liebe kommt es an

Einst lebte ein Mönch in strenger Askese. Solange die Sonne schien, nahm er weder Speise noch Trank zu sich und widmete sich dem Gebet.
Ein heller Stern, der für alle sichtbar auch am Tage am Himmel stand, schien dem Mönch die himmlische Anerkennung für sein tägliches Fasten und Beten zu sein.
Eines Tages beschloss der Mönch, auf den nahen Berg zu steigen, um seinem Stern noch näher zu sein. Ein kleines Mädchen begleitete ihn, und bald plagte die beiden der Durst in der Mittagshitze. Der Mönch drängte das Kind, Wasser zu trinken. Doch das Mädchen weigerte sich, wenn nicht auch der Mönch etwas trinken würde.
So geriet der Mann in einen heftigen inneren Kampf. Auf der einen Seite wollte er um keinen Preis sein Fasten brechen und seinen Stern verlieren. Auf der anderen Seite konnte er es nicht mit ansehen, wie das Kind unter dem Durst litt. So gab er schließlich nach, und die beiden löschten ihren Durst mit frischem Quellwasser.

Ganz lange traute sich der Mönch nicht zum Himmel aufzusehen, weil er Sorge hatte, dass sein Stern nun verschwunden sei. Wie erstaunt war er, als er schließlich doch aufblickte und zwei leuchtende Sterne über dem Berg erblickte.

Denn ich habe Lust an der Liebe
und nicht am Opfer,
an der Erkenntnis Gottes
und nicht am Brandopfer.

(HOSEA 6,6)

12

Scheuklappen

Es war einmal ein Mann, der sehr gläubig war, aber immer wieder von Zweifeln heimgesucht wurde. Daher bat er: »Gott, sprich zu mir!« Da sang eine Lerche, doch der Mann hörte sie nicht. Er war zu sehr damit beschäftigt, nach Gottes Stimme zu lauschen.

So bat er wieder: »Gott, sprich zu mir!« Da grollte ein heftiger Donner über den Himmel. Doch der Mann bemerkte es nicht einmal. Zu sehr lauschte er auf Gottes Wort.

Wenn Gott nicht zu ihm sprach, dann würde er sich ihm vielleicht zeigen, dachte er Mann. Also sah er sich um und rief: »Gott, zeige dich mir!« Da leuchtete ein Stern hell über ihm auf. Aber der Mann beachtete ihn gar nicht. Zu sehr war er damit beschäftigt, Gott zu entdecken.

Dann wollte er Gott auf die Probe stellen. Also rief er: »Gott, zeige mir ein Wunder!« Da wurde ein neues Leben geboren. Doch das berührte den Mann nicht. Zu sehr hielt er nach dem Wunder Ausschau.

Nun wurde er immer verzweifelter und schrie: »Berühre mich, Gott, und lass mich wissen, dass du da bist!« Gott beugte sich hinunter und berührte den Mann mit unendlicher Zärtlichkeit. Doch der wischte den Schmetterling von seiner Schulter und ging traurig weg.

Freue dich über den Herrn!
Er wird dir alles geben,
was du dir von Herzen wünschst.

(PSALM 37,4)

13
Lieben heißt neu beginnen

Neulich habe ich meine Freundin zum ersten Mal bei ihr zu Hause besucht. Sie hat ein wunderschönes Haus, aber sie hatte mir so viel von ihrem Garten erzählt, dass ich ihn mir gleich anschauen wollte. Ich trat also auf die Terrasse, und was mir als Erstes ins Auge fiel, war ein Apfelbaum, der über und über mit Blüten bedeckt war.

»Was für ein wundervoller Baum!«, sagte ich zu ihr. »Und wie er blüht! Was ist das Geheimnis, dass er so gut gedeiht?«, fragte ich meine Freundin.

Sie lächelte ein bisschen versonnen und erzählte mir dann: »Vor einigen Jahren hatten mein Mann und ich uns ziemlich auseinandergelebt. Wir hatten uns nichts mehr zu sagen, unsere Beziehung schien uns nur noch langweilig zu sein. Eigentlich wollten wir beide nicht mehr und nur noch weg aus diesem Leben. Irgendwann schafften wir es, endlich einmal darüber zu reden, und überlegten uns einen Plan: Mein Mann hatte kurz zuvor einen jungen Apfelbaum gepflanzt, den wir nun sozusagen als Orakel für unsere Liebe nutzen wollten: Sollte er Wurzeln treiben und blühen, dann wollten wir das als Zeichen dafür sehen, um beieinander zu bleiben. Sollte er aber eingehen und sterben, sollte auch das ein Zeichen sein, und wir würden uns scheiden lassen.«

Sie machte eine kurze Pause und lächelte noch einmal. Dann fuhr sie fort: »Und in der Nacht darauf ertappten wir uns gegenseitig dabei, wie wir heimlich mit der Gießkanne zum Baum liefen und ihn tränkten.«

Liebe ist immer bereit zu verzeihen,
stets vertraut sie, sie verliert nie die Hoffnung
und hält durch bis zum Ende.

(1. KORINTHER 13,7)

14

Satt sein ist mehr!

Man erzählt von einem alten Bäcker, der ganz besonderes Brot hatte. »Sie sehen heute so bedrückt aus«, fragte der Bäcker einen Mann, der bei ihm Brot einkaufen wollte. »Ich habe Angst um mein Kind, es ist gestern verunglückt und liegt nun in der Unfallklinik.«

Der Bäcker nahm das Brot auf dem Ladentisch, brach zwei Stücke ab und gab eines davon dem Mann. »Essen Sie mit mir das Brot«, sagte er, »ich will an Sie und Ihr Kind denken.« So etwas hatte der Mann noch nie erlebt, solch ein Brot noch nie gegessen. Beide aßen ihr Stück schweigend und dachten an das Kind im Krankenhaus und erflehten seine Besserung.

Eine Frau kam in den Laden, um Brot zu kaufen. Der Bäcker brach noch einen Bissen ab, reichte ihn der Frau und sagte: »Essen Sie mit uns, sein Kind liegt schwerverletzt im Krankenhaus. Er soll wissen, dass wir seine Not teilen und mit ihm hoffen und beten.«

Und die Frau nahm das Stückchen Brot und aß es mit den beiden Männern.

Brot ist etwas Lebendiges und Stärkendes. Wer es mit anderen teilt und gemeinsam isst, hat mehr davon: Lebenskraft und Lebensfreude, Lebenshoffnung und Lebenserfüllung. Das besondere Brot ist die Liebe.

Und Jesus nahm das Brot,
dankte, brach's und gab's ihnen.
Da wurden ihre Augen geöffnet
und sie erkannten ihn!

(LUKAS 24,30f.)

15

Rezept für ein gutes Jahr

Man nehme zwölf gut ausgereifte Monate und achte darauf, dass sie vollkommen sauber sind und frei von bitterer Erinnerung, von Groll und Rachsucht, von Neid und Eifersucht. Man entferne jede Spur von Kleinlichkeit und Niedrigkeit und alle unbewältigte Vergangenheit.

Die zwölf Monate müssen also frisch und sauber sein, wie sie aus der Werkstatt Gottes hervorgehen. Man zerlege jeden Monat in dreißig oder einunddreißig Tage. Man richte jeweils nur einen einzigen Tag an. Und damit diese einzelnen Tage die besten unseres Lebens werden, beachte man sorgfältig die folgenden Anweisungen:
Für jeden Tag nehme man einige Teile Gebet und Arbeit, Entschlossenheit und Gelassenheit, Überlegung und Vertrauen, Mut und Bescheidenheit. Nun füge man dem Ganzen einen Löffel fröhliche Schwungkraft, eine Messerspitze Nachsicht und eine gute Dosis aufrichtige Herzlichkeit zu.
Sodann übergieße man das Ganze mit Liebe und rühre es kräftig um. Man garniere zuletzt

alles mit einem guten Sträußchen kleiner Aufmerksamkeiten und trage es mit Heiterkeit auf den Tisch. Guten Appetit!

Dies ist der Tag, den der Herr macht;
lasst uns freuen und fröhlich an ihm sein.
O Herr, hilf! O Herr, lass wohl gelingen!

(PSALM 118,24f.)

16

Wunderbar einfach

Der berühmte Meister sollte im Tempel vor einer großen Menschenmenge predigen. Darunter war auch ein Shinshu-Priester, der hier seinen Dienst tat. Er war eifersüchtig auf die große Zuhörerschaft des Meisters und wollte daher mit ihm Streit anfangen.

Als der Meister nun also mitten in seiner Rede war, betrat der Priester den Tempel und machte dabei einen solchen Lärm, dass der Meister seinen Vortrag unterbrach und nachfragte, was denn der Grund des Aufruhrs sei.

Sogleich stand der Priester auf und rief ihm durch den ganzen Raum zu: »Der Gründer unserer Glaubensgemeinschaft hatte wunderbare Kräfte. Er schaffte es, den ganzen Namen Amidas durch die Luft auf ein Stück Papier zu schreiben, das sein Diener auf der anderen Seite des Flusses hielt, während er auf dieser Seite des Flusses stand und den Pinsel führte. Kannst du auch etwas so Wunderbares?«

Der Meister lächelte. Dann erwiderte er: »Vielleicht beherrscht dein Meister, der Schlaumeier, diesen Trick. Aber das möchte ich gar nicht lehren. Mein Wunder besteht darin, dass ich esse, wenn ich hungrig bin, und trinke, wenn ich durstig bin.«

Wir danken dir, o Gott, wir danken dir!
Du bist uns nahe!
Wir erzählen von deinen wunderbaren Taten.

(PSALM 75,2)

17

Der dankbare Hund

Eines Tages war der Spanier José Garcia in der Nähe von Valencia beim Beerensammeln. Da kam ein streunender Hund auf ihn zugelaufen, umkreiste ihn, sprang an ihm hoch und verhielt sich so auffällig, dass José schließlich seinen Eimer abstellte und dem Hund folgte. Der führte ihn auf ein Bahngleis zu, wo ein kleines Mädchen so unglücklich mit einem Fuß zwischen Gleis und Schotter eingeklemmt war, dass es sich nicht mehr allein befreien konnte. José Garcia versuchte nun, den Fuß zu befreien, aber vergeblich. Da hörten sie den Zug heranbrausen, José rannte ihm entgegen und konnte dem Lokführer bedeuten, den Zug zu stoppen. Aufgeregt sprang der Lokführer herab, und mit vereinten Kräften konnten sie dann den Fuß des Mädchens aus seiner misslichen Lage herauslösen.
Als der Hund die drei Glücklichen umsprang, erzählte das Mädchen den beiden Männern, dass sie kurz vor ihrem Missgeschick ihr Butterbrot mit dem streunenden Hund geteilt hatte.

Der mit dem Hungrigen sein Brot teilt,
das ist ein Gerechter,
der soll das Leben behalten,
spricht Gott, der Herr!

(HESEKIEL 18,7ff.)

18

Etwas fehlt

Dov Ber war ein ungewöhnlich strenger Gelehrter. In seiner Nähe zitterten die Menschen vor Ehrfurcht, und wegen seiner unbeugsamen und unerbittlichen Art zu lehren war er sehr angesehen. Er fastete und verzichtete auf alle Annehmlichkeiten des Lebens. Und er lachte nie. Schließlich wurde er durch seine ständigen Entbehrungen ernstlich krank. Die Ärzte konnten ihm nicht helfen. Und so riet man ihm, den berühmten Baal Schem um Hilfe zu bitten.

Doch Baal Schem war für den erkrankten Dov Ber so etwas wie ein Ketzer. Während Dov Ber meinte, das Leben könne nur durch Kummer und Leid, Schmerzen und Entbehrungen sinnvoll werden, versuchte Baal Schem Schmerzen zu lindern und verkündigte den Menschen, dass die Lebensfreude der Sinn des Daseins sei. Doch dann ging es Dov Ber so schlecht, dass er einwilligte, den Baal Schem um Hilfe zu bitten. Der kam in einem wunderbaren Wollmantel und mit einer kostbaren Pelzkappe, gab dem Kranken das Buch der Herrlichkeit und bat ihn, laut daraus vorzulesen.

Schon nach kurzer Zeit unterbrach Baal Schem den Kranken und meinte: »Etwas fehlt Euch!« »Und was ist das?«, fragte der kranke Mann. »Die Seele«, sagte Baal Schem, »Eurem Glauben fehlt die Seele!« (Eine jüdische Legende)

Und wenn ich alle meine Habe den Armen gäbe
und ließe meinen Leib verbrennen,
und hätte die Liebe nicht,
so wäre mir's nichts nütze!

(1. KORINTHER 13,3)

19

Das Schöne sehen lernen

Ich kenne eine Frau, die verlässt nie ihr Haus, ohne vorher eine Handvoll Bohnen in ihre Jacken- oder Hosentasche zu stecken. Was sie damit tut, fragen Sie sich? Jedes Mal, wenn sie etwas Schönes erlebt – ein Lächeln beim Einkaufen, eine unerwartete schöne Begegnung, ein warmes Katzenfell, ein Eis in der Sonne – lässt sie eine Bohne von der einen in die andere Tasche wandern. Wenn sie dann abends in ihrer »Erntetasche« nachschaut, finden sich dort nicht immer viele Bohnen – an manchen Tagen ist es sogar nur eine einzige Bohne. Doch jeden Abend setzt sie sich hin, zählt die Bohnen und erinnert sich dabei an die glücklichen Momente des Tages, die sie damit verbindet. Und selbst, wenn sie nur eine einzige Bohne aus ihrer Tasche zieht, weiß sie: Auch für diesen einen Moment des Tages hat es sich gelohnt zu leben, dieser eine Moment hat aus einem gewöhnlichen Tag einen solchen gemacht, an den sie sich gern erinnert.

Ihr habt doch Augen.
Warum seht ihr nicht?
Und ihr habt Ohren.
Warum hört ihr nicht?

(MARKUS 8,18)

20

Das Geheimnis des Glücks

Ein reicher Mann schickt seinen Sohn zu einem bekannten Weisen, damit er dort das Geheimnis des Glücks lerne. Vierzig Tage wandert der Junge und kommt schließlich an einen prächtigen Palast. In einem großen Saal redet der Weise mit sehr vielen Menschen. Nach mehreren Stunden kann der Junge dem Weisen seinen Wunsch vortragen. »Ich habe im Moment keine Zeit, dir das Geheimnis des Glücks zu erklären. Sieh dich im Palast um und komm in zwei Stunden wieder. Hier, nimm diesen Löffel mit zwei Tropfen Öl darauf. Während du dir alles ansiehst, halte den Löffel so, dass das Öl nicht herunterläuft!« Der Junge geht durch den riesigen Palast, ohne den Blick von dem Löffel zu wenden, und nach zwei Stunden erscheint er wieder vor dem weisen Mann. »Nun, hast du all die kostbaren Teppiche, Möbel, Vasen und Vorhänge gesehen, dazu die wertvollen Bücher und Gemälde?« Beschämt muss der Junge zugeben, dass er nur auf den Löffel geschaut und nichts von all den schönen Dingen im Palast gesehen hat. »Dann geh noch einmal durch den Palast und schau dir alles gut an!« Nun geht der Junge aufmerksam durch alle Räume und sieht, wie kunstvoll alles angeordnet und aufgestellt ist. Vor dem weisen Mann beschreibt er voller Bewunderung die vielen Kostbarkeiten. »Aber wo sind die Öltropfen, die ich dir mitgegeben habe?« Erschrocken stellt der Junge fest, dass er sie vor lauter Betrachten verschüttet hat. »Also, das ist mein Rat an dich: Das Geheimnis des Glücks besteht darin, dass du alle Herrlichkeiten der Welt anschaust, ohne dass du darüber die dir anvertraute Gabe verlierst!«

Siehe, ich komme bald;
halte, was du hast,
dass niemand deine Krone nehme!

(OFFENBARUNG 3,11)

21

Mit der Wahrheit lügen?

Einer alten Geschichte nach schrieb einst der Kapitän eines großen Schiffes in das Logbuch: »Der erste Steuermann war heute betrunken!« Als der Steuermann wieder nüchtern war und den Eintrag las, wurde er missmutig und traurig. Er bat den Kapitän, den Eintrag doch wieder zu streichen, da er vorher noch niemals betrunken war und es in Zukunft auch nicht wieder sein wolle. Aber der Kapitän blieb hart und meinte: »In dieses Logbuch schreiben wir immer die absolute Wahrheit!« In der nächsten Woche machte der erste Steuermann die Eintragung ins Logbuch und schrieb: »Heute war der Kapitän nüchtern!«

Ist es überhaupt möglich, dass Menschen über einander die absolute Wahrheit wissen und sagen können? Wie oft sind unsere Wahrheiten Teilwahrheiten, Halbwahrheiten und winzige richtige Ausschnitte aus einem größeren Zusammenhang! Die Wahrheit über Menschen und Leben ist wohl komplizierter und oft genug widersprüchlicher, als wir meinen. Man kann mit der Wahrheit lügen, großen Schaden anrichten und sich gegenseitig tief verletzen. Die ganze Wahrheit ist uns überhaupt nicht erkennbar. Darum sollten wir uns auf den besinnen, der allein den ganzen Zusammenhang kennt und alles durchschaut. Gott allein sieht die ganze Wirklichkeit. Jesus allein ist die absolute Wahrheit. Und er ist zugleich die reine Liebe. Der gekreuzigte Christus ist die Wahrheit über mich und zugleich die Liebe zu mir. Nur in der Versöhnung von Wahrheit und Liebe ist es möglich, dass die Wahrheit nicht verletzend und die Liebe nicht verlogen wird.

Ich habe mir vorgenommen:
Ich will mich hüten, dass ich nicht sündige
mit meiner Zunge!

(PSALM 39,2)

22

Eine Last, die stark macht

Eine Legende aus der Sahara erzählt, dass ein missgünstiger Mann in einer Oase eine besonders schöne junge Palme heranwachsen sah. Da er von Neid auf alles Junge, Hoffnungsvolle erfüllt war, wollte er die schöne Palme verderben. Er nahm einen schweren Stein und legte ihn mitten auf die junge Krone. Der junge Baum schüttelte sich, aber es gelang ihm nicht, den Stein abzuwerfen. Da entschloss er sich, mit der Last zu leben. Er grub seine Wurzeln tiefer in die Erde, sodass die Äste kräftig genug würden, den schweren Stein zu tragen.

Nach Jahren kam der Mann zurück, um sich an dem verkrüppelten Baum zu erfreuen. Aber er suchte ihn vergebens. Die Palme, inzwischen zur größten und stärksten der ganzen Oase herangewachsen, sagte zu dem Mann: »Ich muss dir danken, deine Last hat mich stark gemacht!«

Selig ist der Mann, der die Anfechtung erduldet;
denn nachdem er bewährt ist,
wird er die Krone des Lebens empfangen,
welche Gott verheißen hat denen,
die ihn lieb haben!

(JAKOBUS 1,12)

23
Wie man es betrachtet

Es lebten einmal zwei Mönche in einem Kloster. Ihr einziges Laster war das Rauchen, und sie konnten es einfach nicht lassen, auch beim Beten eine Zigarette anzustecken. Deshalb plagte sie immer wieder ihr schlechtes Gewissen, und so beschlossen sie, den Abt schriftlich um eine Erlaubnis zu bitten. Die Antwort des Abtes überraschte sie sehr: Während er es dem einen verbot, erlaubte er es dem anderen.

»Wie kann das sein?«, sagte der eine. »Ich verstehe das nicht«

»Was hast du dem Abt denn geschrieben?«, fragte der andere seinen Freund.

»Ja, was wohl? Ich habe ihn gefragt, ob ich beim Beten rauchen darf«, antwortete er. »Und was hast du ihm geschrieben?«, fragte er zurück.

Da grinste er fröhlich: »Ich habe ihn gefragt, ob ich beim Rauchen beten darf.«

Bekennet einander eure Sünden
und betet füreinander, damit ihr geheilt werdet.
Denn das Gebet eines Menschen,
der nach Gottes Willen lebt, hat große Kraft.

(JAKOBUS 5,16)

24
Verwandlung

In Frankreich herrschte einst eine große Hungersnot. Viele Menschen starben an Hunger und Schwäche. Besonders ältere Menschen und kleine Kinder litten unter der mangelhaften Ernährung. Da begegnete eines Tages der Patron der Armenfürsorge, Vinzenz von Paul, auf dem Gang des Schlosses der Königin von Frankreich, Anna von Österreich. Die Königin trug eine auffällige, besonders kostbare Perlenkette. Vinzenz von Paul sah die leuchtenden Schätze am Hals der Königin und dachte dabei aber an seine Armen und Leidenden. »Majestät«, sagte er halb im Ernst und halb im Scherz, »können Sie nicht bewirken, dass sich diese herrlichen Juwelen ihrer Halskette in Brot für die Armen verwandeln?«

Die Königin sah den Patron nachdenklich an und verstand seine Worte richtig. »Ich weniger«, sagte sie, »aber Sie schaffen das schon! « Dabei löste sie das kostbare Geschmeide vom Hals und gab es Vinzenz von Paul in die Hand. Und der schaffte die »Verwandlung« in der nächsten Stunde.

Unsere vergänglichen Reichtümer können in der Liebe verwandelt werden in unvergängliche Schätze.

Gehe hin, verkaufe alles, was du hast,
und gib's den Armen,
so wirst du einen Schatz im Himmel haben,
und komm, folge mir nach!

(MARKUS 10,21)

25
Gastfreundschaft in Grenzen

Schmuel kommt zur Mittagszeit bei seinem Freund Mojsche vorbei. Da sie gerade beim Mittagessen sind, lädt Mojsche den Schmuel ein, bei ihnen am Tisch Platz zu nehmen. Schmuel meint bescheiden: »Ich hab mich zwar zu Hause schon richtig satt gegessen, aber so e bissche knuspern kann ich schon noch!«
Und dann greift er ordentlich zu, sodass Mojsche und seiner Familie kaum etwas bleibt.
Beim Abschied meint der Mojsche dann zum Schmuel: »Wenn du mal wieder vorbeikommst, dann knusperst du e bissche zu Hause und isst dich bei uns richtig satt!«

Wer einen Menschen zurechtweist,
wird zuletzt Dank haben,
mehr als der da freundlich tut.

(SPRÜCHE 28,23)

26

Brot der Hoffnung

Ein Professor der Medizin stirbt, und seine drei Söhne lösen seinen Haushalt auf. Die Mutter war schon lange vorher gestorben, und der Vater hatte mit einer langjährigen Haushälterin allein gelebt. Im Arbeitszimmer des Vaters fanden die Söhne neben vielen wertvollen Dingen in einem Schrank ein steinhartes, vertrocknetes, halbes Brot. Die Haushälterin wusste, was es damit auf sich hatte.

In den ersten Jahren nach dem Krieg war der Professor todkrank. Da schickte ihm ein guter Freund ein halbes Brot, damit der Professor etwas zu essen hatte. Der aber dachte an die viel jüngere Tochter eines Nachbarn und ließ dem Mädchen das Brot schicken. Die Nachbarsfamilie aber mochte das wertvolle Brot nicht für sich behalten und gab es weiter an eine arme alte Witwe, die oben im Haus in einer kleinen Dachkammer hauste. Die alte Frau aber brachte das Brot ihrer Tochter, die mit zwei kleinen Kindern ein paar Häuser weiter wohnte und nichts zu essen hatte für die Kinder. Die Mutter dachte, als sie das Brot bekam, an den Medizinprofessor, der todkrank lag. Sie sagte sich, dass er ihrem Jungen das Leben gerettet und kein Geld dafür genommen hatte. Nun hatte sie eine gute Gelegenheit, es ihm zu danken, und ließ das Brot zum Professor bringen.

»Wir haben das Brot sofort wiedererkannt«, sagte die Haushälterin, »unter dem Brot klebte immer noch das kleine Papierstückchen.« Als der Professor sein Brot wieder in der Hand hielt, sagte er: »Solange noch Menschen unter uns leben, die so handeln, braucht uns um unsere Zukunft nicht bange zu sein. Dies Brot hat viele satt gemacht, obwohl keiner davon gegessen hat. Dies Brot ist heilig. Es gehört Gott!« So legte er es in den Schrank. Er wollte es immer wieder ansehen, wenn er mal nicht weiterwusste und die Hoffnung verlor. Es war das Brot der Hoffnung.

Brot der Engel aßen sie alle,
er sandte ihnen Speise in Fülle.

(PSALM 78,25)

27

Überrascht

Einst lebte ein Zimmermann, den eines Abends auf seinem Heimweg ein Freund anhielt und fragte: »Mein Bruder, warum bist du so traurig?« – »Wärst du in meiner Lage, du empfändest wie ich«, sagte der Zimmermann. »Erkläre dich«, sprach der Freund. »Bis morgen früh«, sagte der Zimmermann, »muss ich 11.111 Pfund Sägemehl aus Hartholz für den König bereit haben, oder ich werde enthauptet.« Der Freund lächelte und legte ihm den Arm um die Schulter. »Mein Freund«, sagte er, »sei leichten Herzens. Lass uns essen und trinken und den morgigen Tag vergessen. Der allmächtige Gott wird, während wir ihm Anbetung zollen, unsertwegen des Kommenden eingedenk sein.«
Sie gingen also zum Hause des Zimmermanns, wo sie Frau und Kind in Tränen fanden. Den Tränen ward Einhalt getan durch Essen, Trinken, Reden, Singen, Tanzen und all sonstige Art und Weise von Gottvertrauen und Güte. Inmitten des Gelächters fing des Zimmermanns Frau zu weinen an und sagte: »So sollst du denn, mein lieber Mann, in der Morgenfrühe enthauptet

werden, und wir alle vergnügen uns indessen und freuen uns an der Güte des Lebens. So steht es also.« – »Denke an Gott«, sprach der Zimmermann, und der Gottesdienst ging weiter. Die ganze Nacht hindurch feierten sie.
Als Licht das Dunkel durchdrang, und der Tag anbrach, wurde ein jeglicher schweigsam und von Angst und Kummer befallen. Die Diener des Königs kamen und klopften sacht an des Zimmermanns Haustür. Und der Zimmermann sprach: »Jetzt werde ich sterben«, und öffnete. »Zimmermann«, sagten sie, »der König ist tot. Mache ihm einen Sarg!« (William Saroyan)

Trachtet am ersten nach dem Reich Gottes
und nach seiner Gerechtigkeit,
so wird euch solches alles zufallen.
Darum sorget nicht für den anderen Morgen,
denn der morgende Tag
wird für das Seine sorgen.
Es ist genug, dass ein jeglicher Tag
seine eigene Plage habe!

(MATTHÄUS 6,33f.)

28

Mehr als eine Gabe

Eines Tages wurde der russische Dichter Iwan Sergejewitsch Turgenjew auf der Straße angesprochen, ein Bettler bat ihn um ein Almosen. Da durchsuchte er gründlich alle seine Taschen – aber ohne Erfolg, er hatte kein Geld bei sich. Betrübt entschuldigte er sich bei dem Bettler: »Brüderchen, ich habe wirklich nichts bei mir; somit kann ich dir leider nichts geben.« »Doch ich danke dir von Herzen, mein Bruder«, antwortete der Bettler und verneigte sich. »Wofür denn?«, staunte Turgenjew, »du hast doch gar nichts von mir bekommen!« »Aber ja, Bruder! Deine Gabe war reich und schön. Du hast mir ehrlich helfen wollen.«

Allesamt aber miteinander haltet fest an der Demut!

(1. PETRUS 5,5)

29
Das Unvermeidliche lieben

Ein Mann war sehr stolz auf seinen Rasen. Er hegte und pflegte ihn, stach dort ein Unkraut aus und schnitt hier die Kanten, bis er aussah wie das gleichmäßige Fell einer grünen Katze. Doch eines Tages im Frühjahr war er plötzlich übersät von gelbem Löwenzahn.

Der Mann tat alles, um diesen zu vernichten: Er streute Unkrautvernichter, er zog die Pflanzen alle einzeln heraus und nahm sogar größere Löcher im Rasen in Kauf, nachdem er ihn ausgestochen hatte. Doch all das nutzte nichts: Der Löwenzahn kam immer wieder.

Schließlich wusste er sich nicht mehr zu helfen. Er schrieb ans Landwirtschaftsinstitut und bat um einen Rat, was er jetzt tun könne.

Einige Tage später erhielt er einen Antwortbrief, den er sofort aufriss. Dort stand zu lesen: »Sehr geehrter Herr, wie wäre es, wenn Sie versuchen würden, den Löwenzahn schön zu finden und ihn zu lieben?«

Wen kann man zu den Weisen zählen?
Wer versteht es, das Leben richtig zu deuten?
Ein weiser Mensch hat ein fröhliches Gesicht,
alle Härte ist daraus verschwunden.

(PREDIGER 8,1)

30
Dem Herzen schenken

Als Rainer Maria Rilke in Paris weilte, ging er regelmäßig über einen Platz, an dessen Rand eine Bettlerin saß, jeden Tag am selben Platz. Sie sah nie auf, wenn er vorüberging, noch hatte sie ihn je wirklich um etwas gebeten, sich aber auch niemals bedankt, wenn Rilkes französische Begleiterin ihr ein Geldstück auf ihren Teller legte. Rilke selbst hatte ihr noch nie einen Centime gegeben, was seine Begleiterin sehr wunderte. Schließlich fragte sie ihn nach dem Grund. »Wir müssen ihrem Herzen schenken, nicht ihrer Hand«, antwortete er.
Einige Tage darauf hatte Rilke eine eben aufgeblühte weiße Rose dabei, die er in die offene, abgezehrte Hand der Bettlerin legte. Er wollte schon weitergehen, da geschah das Unerwartete: Sie sah auf, blickte Rilke in die Augen, erhob sich mühsam von ihrem Platz, nahm seine Hand, küsste sie und ging mit der Rose davon.
Eine Woche lang sahen Rilke und seine Begleiterin die Alte nicht. Doch dann war sie ebenso plötzlich wieder da, saß an ihrem alten Platz, als wäre sie nie fort gewesen. Wiederum blieb sie

stumm und streckte den vorbeieilenden Passanten nur ihre Hand hin.
»Wovon hat sie all die Tage gelebt?«, fragte Rilkes Begleiterin erstaunt. »Von der Rose«, antwortete Rilke.

Jesus sah seine Jünger an und sagte:
»Glücklich seid ihr Armen,
denn euch gehört die neue Welt Gottes.«

(LUKAS 6,20)

31
Zerrissene Kinderschuhe

Familie Müller wohnt am Stadtrand in einer bescheidenen Wohnung. Das kleine Einkommen des Vaters, die vielen Ausgaben für die fünf Kinder zwingen zu äußerster Sparsamkeit. Da geht die Waschmaschine, die doch täglich gebraucht wird, kaputt. In der Zeitung findet Herr Müller ein günstiges Angebot für eine gebrauchte Waschmaschine. Er fährt sofort nach der Arbeit hin und gelangt zu einem vornehmen Haus mit einem wunderbaren Garten. Alles sieht nach Reichtum und Wohlstand aus. Ein freundliches Ehepaar bittet ihn herein. Die Waschmaschine wird besichtigt. Sie ist gut erhalten und sehr günstig im Preis. Erleichtert erzählt Herr Müller von seinen Sorgen, wie viel die fünf Kinder an Kleidung und Schulzeug brauchen. »Fast jede Woche bringe ich ein Paar zerrissene Kinderschuhe zum Schuhmacher!« Da geht die Hausfrau schnell aus dem Zimmer und kann dabei ihr Weinen nicht verbergen. Erschrocken fragt Herr Müller, ob er irgendetwas Kränkendes gesagt habe. »Nein«, sagt der Hausherr, »aber wir haben nur ein Kind, ein achtjähriges Mädchen. Es ist seit seiner Geburt gelähmt. Und ein Paar zerrissene Kinderschuhe würde uns zu den glücklichsten Menschen der Welt machen!« – Herr Müller geht doppelt beschenkt nach Hause, mit der günstig erworbenen Waschmaschine und mit einer ganz neuen Freude an den Kindern, die so viel Zeug brauchen und Kosten machen.

Du hast mir meine Klage verwandelt
in einen Reigen und mich mit Freude gegürtet,
dass ich dir lobsinge und nicht still werde.
Herr, mein Gott, ich will dir danken
in Ewigkeit!

(PSALM 30,12f.)

32
Bei Lebensgefahr

Ein Jude und ein Offizier sitzen sich im Zugabteil gegenüber. Der Offizier frühstückt und bietet seinem Gegenüber höflich ein Schinkenbrötchen an. Der Jude lehnt bedauernd ab. Der Offizier isst die Brötchen also allein auf, entkorkt eine Flasche Rotwein und bietet wieder seinem Gegenüber ein Glas an. Der Jude lehnt wiederum ab. Der Offizier: »Haben Sie weder Hunger noch Durst?« Der Jude: »Doch, aber wir haben so strenge Speisegesetze.« Der Offizier: »Darf man die denn auf keinen Fall übertreten?« Der Jude. »Ja schon, bei Lebensgefahr zum Beispiel.« Der Offizier zieht seinen Revolver und droht dem Juden: »Sie trinken, oder ich schieße!« Gern greift der Jude zu. Der Offizier: »Sind Sie mir jetzt sehr böse?« Der Jude: »Ja, natürlich! Warum haben Sie den Revolver nicht schon beim Schinkenbrötchen gezogen?«

Es ist ein köstlich Ding,
dass das Herz fest werde,
welches geschieht durch Gnade,
nicht durch Speisegebote,
von denen keinen Nutzen haben,
die damit umgehen.

(HEBRÄER 13,9B)

33
Die Rettung war so nah

Die Hausfrau ist kurz vor dem Nervenzusammenbruch. Da klingelt das Telefon, sie außer Atem: »Ja, bitte?«
»Hallo, hier ist deine Mama. Ich wollte nur mal hören, wie es dir geht.« »Ach Mama, gut, dass du anrufst, hier herrscht das totale Chaos. Die Kinder sind alle krank, der Kühlschrank ist kaputt, die Wohnung völlig durcheinander, und heute Abend kommen zwanzig Leute zum Essen.«
»Mach dir keinen Kopf, mein Liebling. Setz dich in den Sessel, entspann dich. Wozu gibt es eine Mama. Ich bin in einer halben Stunde bei dir, überlege mir unterwegs ein tolles Menü und kaufe alles dafür ein. Dann koche ich, räume auf, versorge die Kinder, und dann können die Gäste kommen. Sag mal, was war noch gleich Arons Lieblingsgericht?«
»Aron, wer ist Aron?« »Na, Aron, dein Mann!« »Mein Mann heißt Jeremy!« »Habe ich denn nicht die 522-1713 gewählt?« »Nein, hier ist die 522-1731!« »Pardon, dann habe ich mich wohl verwählt!« »Du liebe Zeit, heißt das, du kommst nicht?«

Lass deinen Vater und deine Mutter
sich freuen und fröhlich sein,
die dich geboren hat.

(SPRÜCHE 23,25)

34
Mann und Frau

Adam ging eines Tages im Garten Eden umher. Er war unglücklich und fühlte sich so allein. Besorgt fragte ihn Gott: »Adam, was ist denn mit dir los, warum bist du so betrübt?« Adam antwortete Gott, er hätte niemand zum Reden und Zusammensein. Gott versprach ihm eine Frau und sagte: »Diese Frau wird für dich kochen und waschen, dich umsorgen und dir gehorchen. Sie wird die beste Mutter deiner Kinder sein und niemals von dir verlangen, nachts aufzustehen, wenn die Kinder schreien. Sie wird nie an dir herumnörgeln und im Streit immer nachgeben. Sie wird nie Migräne haben, wenn es dich nach Liebe und Umarmung verlangt.«
Adam ist ganz beglückt und fragt Gott: »Was würde denn eine solche Frau kosten?« Gott erwiderte: »Einen Arm und ein Bein!« Erschrocken fragt Adam nach: »Und was würde ich für eine Rippe bekommen?« Na ja, das Ergebnis ist bekannt.

Und Gott der Herr baute ein Weib aus der Rippe,
die er von dem Menschen nahm,
und brachte sie zu ihm.

(1. MOSE 2,22)

35
Frau und Mann

Eines Tages wendet Eva sich im Garten Eden an Gott: »Ich habe ein großes Problem. Ich weiß, dass du alles wunderbar gemacht hast, mich und diesen schönen Garten, all die vielen Tiere, selbst die fiese Schlange, aber ich bin einfach nicht glücklich. Ich fühle mich so allein, habe niemand zum Reden, und die Äpfel sind mir auch schon über.«

»Nun gut, Eva, ich werde dir einen Mann an die Seite stellen. Aber das sage ich dir gleich, er wird eine missratene Kreatur sein mit vielen Fehlern und Schwächen. Er wird dich belügen und betrügen, eitel und eingebildet wird er sein. Er wird größer, stärker, schneller sein, gerne auf die Jagd gehen und Kriege führen. Wettkämpfe werden ihm Spaß machen und geistlose Ballspiele ihn begeistern. Trotzdem wird er kein Selbstbewusstsein haben und ständig deine Bewunderung brauchen.«

Eva ist ziemlich skeptisch und fragt nach: »Klingt nicht so gut, und wo ist der Haken an der Sache?«

»Ja also, du bekommst den Mann nur unter einer Bedingung: Du musst ihn, weil er so eingebildet und stolz ist, in dem Glauben lassen, dass ich ihn zuerst erschaffen habe. Das muss unser beider kleines Geheimnis bleiben!«

So sollen auch die Männer ihre Frauen lieben
wie ihren eigenen Leib.
Wer seine Frau liebt, der liebt sich selbst.

(EPHESER 5,28)

36
Das beste Geschenk

Drei Söhne einer Jüdin sind einst ausgewandert, haben ihr Glück gemacht und sind sehr reich geworden. Nun besprechen sie, was sie ihrer alten Mutter schenken können. Abraham, der Älteste, möchte ihr ein großes Haus mit wunderschönem Garten kaufen. Moische, der Zweite, möchte seiner Mutter ein großes Auto samt Chauffeur schenken. David, der Jüngste, hat eine ganz andere Idee: »Wisst ihr noch, wie gerne Mutter in der Bibel las? Jetzt, wo sie nicht mehr so gut sieht, fehlt ihr das. Ich besorge ihr einen Papagei, der die ganze Bibel rezitieren kann.«

Bald darauf kommt der Dankesbrief der Mutter. »Abraham, das Haus ist viel zu groß für mich. Ich kann doch nur ein Zimmer bewohnen und muss das ganze Haus sauber halten. Moische, ich bin viel zu alt, um mich noch in der Welt herumkutschieren zu lassen. Außerdem taugt der Chauffeur nichts, ist frech und gibt ungehörige Antworten. Und nun zu dir, mein lieber David, das Hähnchen von dir war köstlich, vielen lieben Dank!«

38
Problematisch

Gestern war ich in der Stadt unterwegs und traf zufällig einen Freund, den ich lange nicht gesehen hatte. Er wirkte ziemlich traurig. Als ich ihn fragte, was ihn so bedrückt, sagte er: »Ich komme damit einfach nicht mehr klar. Jeden Tag so viele Probleme, so schrecklich viele ungelöste Probleme.« Und dann erzählte er mir bis in alle Einzelheiten, was er so schrecklich findet, sodass ich nach einiger Zeit selbst das Gefühl hatte, todunglücklich zu sein. »Wenn du mir einen Weg zeigst, wie ich endlich all diese Schwierigkeiten loswerden kann, dann spende ich eine ordentliche Summe an eine wohltätige Organisation, das verspreche ich dir«, sagte er zum Schluss.
Das fand ich ein Wort! Also überlegte ich eine Weile, wer in meinem Umfeld keine Probleme hatte. Vielleicht könnte ich ihn um Rat fragen, wie das zu bewerkstelligen sei. Plötzlich fiel mir ein Ort ein, an dem man Tausende von Menschen finden kann, von denen ich ziemlich sicher weiß, dass sie keinerlei Probleme haben. Der Freund wollte gleich wissen, wo dieser Ort zu finden sei. »Komm mit«, sagte ich,

und gemeinsam machten wir uns auf den Weg. Schon nach kurzer Zeit hatten wir unser Ziel erreicht und schritten schließlich durch das Tor des städtischen Friedhofes.

Wenn ich tot wäre,
dann läge ich jetzt ungestört,
hätte Ruhe und würde schlafen
so wie die Könige und ihre Berater,
die sich hier prachtvolle Paläste bauten.

(HIOB 3,13f.)

39
Die Wahrheit bringt's

Rabbi Elimelech sagte einst: »Ich glaube fest daran, dass ich nach meinem Tode ins Paradies gelangen werde. Denn wenn ich vor dem himmlischen Gerichtshof gefragt werde: ›Hast du fleißig die Schrift gelernt? War dein Verhalten ehrlich und redlich? Hast du alle Gebote erfüllt und Wohltätigkeit geübt?‹, so werde ich auf alle die Fragen ohne weiteres mit ›Nein‹ antworten. Und dann wird man sagen: ›Er hat die Wahrheit gesprochen, also gehört ihm das Paradies!‹«

Wer seine Sünde leugnet,
dem wird's nicht gelingen;
wer sie aber bekennt und lässt,
der wird Barmherzigkeit erlangen.

(SPRÜCHE 28,13)

40

Eile mit Weile

Eines Tages war Till Eulenspiegel zu Fuß unterwegs in die nächste Stadt. Er hatte sein Bündel auf dem Rücken und marschierte fröhlich seines Weges. Doch plötzlich war hinter ihm lautes Hufgetrappel zu hören und gleich darauf hielt eine Kutsche neben ihm. Auf dem Bock saß ein Mann im staubigen Mantel, der ihn anherrschte: »Los, sag mir, wie weit ist es bis zur nächsten Stadt?«

Till Eulenspiegel dachte einen Augenblick nach und erwiderte dann: »Also: Wenn Ihr langsam fahrt, eine halbe Stunde. Wenn Ihr schnell fahrt, ungefähr zwei Stunden.«

»Du Narr, was erzählst du für einen Unsinn!« Der Mann schüttelte unwillig den Kopf. »Los, ihr Gäule, ich habe keine Zeit für solche dummen Scherze«, rief er dann den Pferden zu, knallte mit seiner Peitsche, und schon bald war die Kutsche um die nächste Kurve verschwunden.

Till Eulenspiegel nahm sein Bündel auf und marschierte seines Weges. Dabei wich er immer wieder den vielen Schlaglöchern aus, die die Straße zierten. Nach einer Stunde sah er von

Weitem eine Kutsche im Graben liegen. Der Kutscher war eben dabei, die gebrochene Vorderachse zu reparieren, und mühte sich unter Stöhnen und Schnaufen mit dem Werkzeug ab. Till Eulenspiegel erkannte den Mann, dem er zuvor Auskunft gegeben hatte, wie weit es noch zur nächsten Stadt sei, und musste ein bisschen schmunzeln.
Als er bei der Kutsche ankam und der Mann ihn zornig anschaute, sagte Till nur: »Ich habe es Euch gesagt: Wenn Ihr langsam fahrt, eine halbe Stunde …«, und damit ging er fröhlich seines Wegs.

Viele, die jetzt einen großen Namen haben,
werden dann unbedeutend sein.
Und andere, die heute die Letzten sind,
werden dort zu den Ersten gehören.

(MARKUS 10, 31)

41

Die Wunderpillen

Ein Arzt besucht seine Patienten im Altenheim. Ihm fällt ein 96-jähriger Mann auf, der stets zufrieden und freundlich ist. Eines Tages spricht ihn der Arzt darauf an und fragt nach dem Geheimnis seiner Freude. Lachend antwortet der Mann: »Herr Doktor, ich nehme jeden Tag zwei Pillen ein, die helfen mir!« Verwundert schaut ihn der Arzt an und fragt: »Zwei Pillen nehmen Sie täglich? Die habe ich Ihnen doch gar nicht verordnet!« Verschmitzt lacht der Mann und antwortet: »Das können Sie auch gar nicht, Herr Doktor. Am Morgen nehme ich gleich nach dem Aufstehen die Pille Zufriedenheit. Und am Abend, bevor ich einschlafe, nehme ich die Pille Dankbarkeit. Diese beiden Arzneien haben ihre Wirkung noch nie verfehlt.«
»Das will ich ihnen gerne glauben«, meint der Arzt. »Ihr gutes Rezept werde ich weiterempfehlen.«

Du bist mein Gott, und ich danke dir;
mein Gott, ich will dich preisen!

(PSALM 118,28)

42

Wann das Leben beginnt

Ein katholischer Priester, ein evangelischer Pfarrer und ein jüdischer Rabbiner unterhalten sich über dies und das, über alles Mögliche und alles andere. Dann kommen sie schließlich auf die Frage, wann das Leben beginnt. Der katholische Priester vertritt die Meinung, dass das Leben mit der Zeugung beginnt. Der evangelische Pfarrer meint, es beginne mit der Geburt. Und der jüdische Rabbi sagt lächelnd: »Das Leben beginnt, wenn die Kinder aus dem Haus sind und der Hund tot ist!«

Denn du hast meine Nieren bereitet
und hast mich gebildet im Mutterleib.
Ich danke dir dafür,
dass ich wunderbar gemacht bin;
wunderbar sind dein Werke,
das erkennt meine Seele.

(PSALM 139,13f.)

43
Das Lied der Harfe

Als David an den Königshof Sauls kam, soll er gebeten haben, auf einer wunderschönen Harfe spielen zu dürfen, die unbenutzt im Thronraum stand. Der König antwortete, die besten Harfenspieler hätten sich daran versucht, doch die Harfe habe nur furchtbare Missklänge von sich gegeben. Aber David ließ nicht locker. Da der König Saul ihn sehr schätzte, gab er ihm schließlich doch die Erlaubnis, auf der Harfe zu spielen. Als David sein Spiel beendet hatte, weinten alle Leute des Hofes vor Rührung und Bewegung, weil die Musik so wunderbar und hinreißend klang. Der König fragte David nach seinem Geheimnis. Und David erklärte ihm: »Alle anderen Spieler versuchten, der Harfe ihre eigenen Lieder aufzuzwingen. Doch da weigerte sie sich. Ich spielte auf der Harfe ihr eigenes Lied. Habt ihr gehört, wie sie lachte, als ich sie an die Zeit als junger Baum erinnerte, ihr von den hellen Sonnenstrahlen erzählte, die durch ihre Zweige glitzerten, von den singenden Vögeln in ihren Ästen? Hörtet ihr sie weinen, als ich sie an jenen Tag erinnerte, als sie gefällt wurde und ihr Leben als Baum endete? Aber habt ihr auch gehört, wie sie jubelte, als ich mit ihr sang von der Auferstehung zu einer wunderbaren Harfe, von der hohen Berufung, zu Gottes Ehren und der Menschen Freude zu erklingen?«

Er hat mir ein neues Lied
in meinen Mund gegeben,
zu loben unseren Gott.

(PSALM 40,4)

44
Noch nie dagewesen

Eine Lehrerin möchte ihrer Schulklasse den Erfindungsreichtum der modernen Gesellschaft nahebringen. Sie spricht mit den Schulkindern über all das vermehrte Wissen und Können der letzten Jahrzehnte. Was haben Menschen alles erdacht und erfunden, erprobt und erschlossen! Schließlich fragt sie die Kinder: »Kann mir einer von euch eine wichtige Sache nennen, die es vor fünfzig Jahren noch nicht gab?« Ein Junge in der ersten Reihe meldet sich eifrig und sagt voller Stolz: »Mich!«

Ich danke dir dafür, dass ich wunderbar
gemacht bin; wunderbar sind deine Werke;
das erkennt meine Seele.
Es war dir mein Gebein nicht verborgen,
als ich im Verborgenen gemacht wurde,
als ich gebildet wurde unten in der Erde.
Deine Augen sahen mich,
als ich noch nicht bereitet war!

(PSALM 139,14ff.)

45

Goldene Äpfel auf silbernen Schalen

Ein Arzt, der in seinem Beruf über Jahrzehnte Erfolg hatte, setzte sich eines Tages hin und schrieb einen Dankesbrief an seine ehemalige Lehrerin, die ihn damals so sehr ermutigt hatte, als er in ihrer Klasse war.

Eine Woche darauf erhielt er eine mit zittriger Hand geschriebene Antwort. Der Brief lautete: »Mein lieber Willi, ich möchte, dass Du weißt, was mir Dein Brief bedeutet hat. Ich bin eine alte Frau in den Achtzigern, lebe allein in einem kleinen Zimmer, koche mir meine Mahlzeiten selbst, bin einsam und komme mir vor wie das letzte Blatt an einem Baum. Vielleicht interessiert es Dich, Willi, dass ich 50 Jahre lang Lehrerin war, und in der ganzen Zeit ist Dein Brief der erste Dank, den ich je erhalten habe. Er kam an einem kalten, blauen Morgen und hat mein einsames, altes Herz erfreut, wie mich in vielen Jahren nichts erfreut hat!«

Ein Wort, geredet zu rechter Zeit,
ist wie goldene Äpfel
auf silbernen Schalen!

(SPRÜCHE 25,11)

46
Bedingungslose Liebe

Ein kleiner Berliner Steppke fragt eines Tages eine feine Dame nach dem Kurfürstendamm. Die vornehme Frau schaut den kleinen Jungen durchdringend an und sagt: »Junge, wenn du mich was fragst, dann nimm erst mal die Hände aus der Tasche, zieh die Mütze vom Kopf, putz dir anständig die Nase, mach einen Diener und sag ‚Gnädige Frau' zu mir!« Darauf antwortet der Junge: »Det ist mir vill zu ville, da verloof ick mir lieba!«
Gott stellt uns keine Bedingungen. Wir dürfen zu ihm kommen, wie wir sind, wer wir sind, woher wir sind. Jeder ist eingeladen. Alle nimmt Gott an, die sich aufmachen, ihn fragen, bitten und etwas von ihm erwarten. Seine Liebe ist bedingungslos und grenzenlos, vorbehaltlos und maßlos, restlos, aber nicht absichtslos und folgenlos. Gottes Liebe ist eine echte Vorliebe, aber sie möchte Folgen haben und zielt deswegen auf unsere Nachfolge.

Jesus sprach zu Zachäus:
»In deinem Haus muss ich heute einkehren!«
Die Leute murrten und sprachen:
»Bei einem Sünder ist er eingekehrt!«
Zachäus sprach zu Jesus:
»Die Hälfte meiner Güter gebe ich den Armen,
und wenn ich jemand betrogen habe,
das gebe ich ihm vierfältig wieder!«

(LUKAS 19,5ff.)

47

Der andere Stein der Weisen

Wir haben zu Hause noch einen anderen Stein der Weisen. Es ist ein wunderschöner, großer Stein, den wir von einer Reise mit nach Hause nahmen. Nun liegt er bei uns in der Fensterbank. Ein ganz gewöhnlicher Stein und doch ein besonderer. Immer wenn wir in der Familie mal wieder meinten, dass einer einen anderen beschuldigen und verurteilen sollte wegen offensichtlicher Fehler und Versagen, haben wir den Stein genommen, ihn umgedreht, uns besonnen und dann wieder hingelegt. Auf der Unterseite stehen mit dickem Filzstift die Worte Jesu geschrieben: »Wer unter euch ohne Sünde ist, der werfe den ersten Stein auf sie!« (Johannes 8,7)

Der Stein der Weisen im Zusammenleben von Menschen ist der Stein, der nicht geworfen wird. Der andere Stein der Weisen ist die Besinnung auf die Liebe Jesu und seine Vergebung, von der wir alle leben. So werden wir aufeinander trotz unserer Fehler und Schwächen nicht mit Steinen werfen, wo wir doch selbst im Glashaus sitzen. Wir nehmen den Stein, lassen uns durch die Worte Jesu umstimmen, legen ihn wieder zurück und versöhnen uns. Das ist der andere Stein der Weisen, der Geist der Liebe.

Jesus sprach: »Wo sind deine Verkläger?
Hat dich niemand verdammt?
So verdamme ich dich auch nicht;
geh hin und sündige hinfort nicht mehr!«

(JOHANNES 8,10f.)

48

Nicht die Größe macht es, aber die Liebe!

Ein Löwe schlief im Schatten eines Baumes, als ihm eine kleine Maus über die Pranken lief. Erschrocken wachte der Löwe auf und wollte die Maus gerade verschlingen, als sie ängstlich zum Löwen sagte: »Was hast du schon von einem so winzigen Tier für einen Genuss? Lass mich laufen, und du gewinnst in mir einen Freund für das ganze Leben!«
Der Löwe lachte und sagte schließlich: »Dann lauf nur, kleiner Freund! Wenn ich dich brauche, werde ich dich rufen.«
Eines Tages verfing sich der Löwe in einem Fangnetz. Je mehr er sich zu befreien suchte, desto enger zog sich das Netz um ihn zusammen. Da brüllte der Löwe laut in seiner Not. Sogleich kam die kleine Maus, zernagte Masche um Masche des Netzes und befreite ihren großen Freund. (Nach einer alten Fabel)

Alle eure Dinge
lasst in der Liebe geschehen!

(1. KORINTHER 16,14)

49
Dies ist der Tag …

Ein Pastor sollte den Gottesdienst in einer kleinen Dorfkirche halten und übernachtete in einem alten Haus gegenüber. Als er am Morgen aufgestanden war und die Rollläden hochzog, sah er, dass jemand in die Fensterscheibe die Worte geritzt hatte: »Dies ist der Tag!«
Beim Frühstück fragte er die Frau des Hauses, was die Worte im Fenster zu bedeuten hätten. Die Frau erzählte ihrem Gast, wie viel Leid sie in ihrem Leben erfahren habe und dass sie immer große Angst vor dem nächsten Morgen gehabt habe. »Eines Tages«, sagte sie, »las ich in meiner Bibel das Psalmwort: Dies ist der Tag, den der Herr macht; lasset uns freuen und fröhlich darinnen sein!
Bisher hatte ich immer gedacht, das gelte nur für besondere, festliche und glückliche Tage. Doch dann wurde mir klar, dass damit jeder Tag gemeint ist. Warum sollte ich mich vor den Tagen fürchten, die der Herr selber gemacht hat? So ritzte ich die Worte in die Fensterscheibe, damit ich jeden Morgen, wenn ich die Läden öffne, daran erinnert werde: Diesen Tag hat Gott

für mich gemacht. Es ist sein Tag, und ich muss mich nicht davor fürchten!«
Die Christen nennen den Tag, an dem Jesus auferstand und alles Dunkel überwand, den Tag des Herrn. Und sie nennen den Tag, an dem Jesus wiederkommt und alles vollenden wird, den Tag des Herrn. Jeder Tag zwischen Auferstehung und Wiederkunft Jesu ist ein Tag des Herrn. Ein Tag von Gott, ein Tag mit Gott, ein Tag für Gott und ein Tag zu Gott hin. So bekommen die einzelnen Alltage ihren Wert und ihren Glanz und verlieren ihre Bedrohlichkeit und Sorge.

Ich bin bei euch alle Tage
bis an das Ende der Welt!

(MATTHÄUS 28,20)

50

Ein scharfer, stechender Schmerz

Ein junger Mann kommt zum Arzt und klagt: »Herr Doktor, ich habe starke Kopfschmerzen, die ich einfach nicht loswerde, können Sie mir helfen?« Der Arzt schaut den strengen, jungen Mann freundlich an und fragt ihn, ob er regelmäßig Sport treibe. »Nein, das ist doch Zeitverschwendung, ich treibe nur wesentliche Dinge!« Der Arzt fragt ihn weiter, ob er öfter mit anderen jungen Leuten was unternehme und dabei Spaß habe. »Nein, mit solchen zweifelhaften Vergnügungen habe ich nichts im Sinn!« »Lachen Sie hin und wieder herzhaft und machen Sie auch mal was Schönes wie Essengehen oder Theaterbesuch?« »Nein«, antwortet der junge Mann, »ich bin ein ernsthafter Mensch!« »Sagen Sie, ist dieses Kopfweh, über das Sie klagen, ein scharfer, stechender Schmerz?« »Ja, ein scharfer, stechender Schmerz um den ganzen Kopf herum!« »Ganz einfach, mein Lieber, Ihr Leiden ist, dass Ihr Heiligenschein zu stramm sitzt. Sie brauchen ihn nur etwas zu lockern, und es geht Ihnen viel besser!«

*So geh hin und iss dein Brot mit Freuden,
trink deinen Wein mit gutem Mut;
denn dies dein Tun
hat Gott schon längst gefallen.
Lass deine Kleider immer weiß sein
und lass deinem Haupte
Salbe nicht mangeln!*

(PREDIGER 9,7f.)

51

Das Beste

Einer Legende von Leo Tolstoi nach stellte einst ein Kaiser dem eine hohe Belohnung in Aussicht, der ihm folgende Fragen beantworten könnte: Welche Zeit ist die beste Zeit? Welcher Mensch ist der wichtigste Mensch? Welche Aufgabe ist die sinnvollste Aufgabe? Keine Antwort seiner Weisen und Ratgeber befriedigte den Kaiser. Und so macht er sich auf den beschwerlichen Weg zu einem Einsiedler, um ihm die Fragen vorzulegen und eine Antwort zu erbitten.

Indem der Kaiser – keine Antwort erhaltend – dem Eremiten beim Graben hilft, dort bei ihm einem Mordanschlag entgeht, sich dann mit dem Feind aussöhnt, lernt der Kaiser schließlich die Antwort auf seine Fragen persönlich und leibhaftig kennen: Die beste Zeit ist gerade jetzt! Der wichtigste Mensch ist gerade der, mit dem man gerade jetzt zusammen ist!

Die sinnvollste Aufgabe ist, den Menschen, der gerade da ist, glücklich zu machen.

Versuchen wir, diese Stunde und diesen Menschen und diese Aufgabe ganz ernst zu nehmen! Es ist immer das Beste!

So seht nun sorgfältig darauf,
wie ihr euer Leben führt,
nicht als Unweise, sondern als Weise,
und kauft die Zeit aus!

(EPHESER 5,15)

52

Alles zu seiner Zeit

Ein weiser alter Mann traf auf seinem Weg ein junges Mädchen. Er freute sich an der anmutigen Erscheinung und an ihrer Schönheit. Weil er voll Ehrfurcht war vor dem Leben, auch vor der Jugend, verbeugte er sich tief vor dem Mädchen. Er sagte: »Du bist ein hübsches Mädchen. Sage mir doch, wie alt du bist!« Wie es fernöstliche Art ist, verbeugte sich auch das Mädchen vor dem Alten. Errötend vor Freude sagte es: »Ihr seid in einem ehrwürdigen Alter, aber ich bin erst sechzehn Jahre alt!« Und der alte Mann sagte: »Du bist wirklich sehr schön. Vor dir liegen noch viele Jahre voll Freude und Lebensreichtum. Sei nur nicht traurig, wenn die Jahre der Jugend schnell vergehen und mit ihr deine jetzige Schönheit. Wenn du gütig bist, wird deine Schönheit nie weichen. Sie wird sich wandeln zur Reife und Würde des Alters!« Das Mädchen verstand. Noch tiefer als zuvor verbeugte es sich vor der Weisheit des alten Mannes, bevor sie sich trennten.

Auf seinem Weg begegnete dem Alten eine junge Frau, die ein Kind an der Hand führte.

Er schaute sie freundlich an. Auch vor ihr verbeugte er sich tief. Er sagte: »Du bist eine glückliche Frau, so schön wie der heutige Tag. Die Sonne scheint auf dein freundliches Gesicht. Ja, du stehst im Licht der Blüte deiner Jahre. Sei nicht traurig, wenn die Zeit schnell vergeht und die Jahre deines Lebens sich neigen. Du wirst an das Ziel deines Weges kommen. Jeden Tag musst du dankbar annehmen. Wenn du wirklich lebendig lebst, wirst du zur Weisheit des Alters gelangen. Deine Kinder und Enkelkinder werden dir mit Ehrfurcht begegnen und von deiner Weisheit lernen!«
Die junge Frau hatte ihm dankbar zugehört. Beide verbeugten sich und gingen ihrer Wege. Der weise Alte traf auf eine andere Frau mit weißem Haar. Vom Alter gebeugt, saß sie auf einer Bank am Weg. Die untergehende Sonne ließ die vielen Falten ihres Gesichtes scharf hervortreten. Der weise alte Mann trat zu ihr und verbeugte sich diesmal besonders tief vor der Greisin. »Ihr seid ein glücklicher Mensch«, sagte er, »weil Ihr am Ziel des Lebens seid. Was Ihr in achtzig Jahren gelebt und erfahren habt, tragt Ihr in euch. Von Reife und Würde, von Güte und Geduld, von Ruhe und Gelassenheit spricht Euer Antlitz zu mir. Ihr habt viel erlebt und gemeistert. Wie

Zeichen des Himmels sind darum die kleinen Taten, die Ihr noch tun könnt, und in den wenigen Worten, die Ihr noch sagt, schwingt himmlische Weisheit!«
Lächelnd sah die Alte den Alten an. Sie deutete auf den Platz neben sich, und der Alte setzte sich zu ihr. Beide waren am Ziel ihres Weges. Gemeinsam schauten sie in die sinkende Sonne, die den Himmel in rotgoldenes Licht tauchte.
(Eine chinesische Legende)

Gott hat alles schön gemacht zu seiner Zeit.
Da merkte ich, dass es nichts Besseres gibt
als fröhlich sein und sich gütlich tun
in seinem Leben!

(PREDIGER 3,11f.)

53

Vergiss die Freude nicht!

»Ich freue mich des Lebens, ich suche keine Dornen, hasche die kleineren Freuden. Sind die Türen niedrig, so bücke ich mich. Kann ich den Stein aus dem Weg räumen, so tue ich es. Ist er zu schwer, so gehe ich um ihn herum. Und so finde ich alle Tage etwas, das mich freut.
Und der Schlussstein, der Glaube an Gott, der macht mein Herz froh und mein Angesicht fröhlich!« (Catharina Elisabeth Goethe)

Ich habe den Herrn allezeit vor Augen,
steht er mir zur Rechten,
so werde ich festbleiben.
Darum freut sich mein Herz,
und meine Seele ist fröhlich;
auch mein Leib wird sicher liegen.

(PSALM 16,8-9)

54

Erfolgreich glücklich werden

Ein Geschäftsmann kam zum Meister und wollte von ihm wissen, was das Geheimnis eines erfolgreichen Lebens sei. Sagte der Meister: »Mach jeden Tag einen Menschen glücklich!« Und er fügte nach einer Weile hinzu: »... selbst wenn dieser Mensch du selbst bist.« Und noch ein wenig später sagte er: »Vor allem, wenn dieser Mensch du selbst bist.« (Zen-Geschichte)

Der Gelehrte zitiert nur Gottes Wort!
»Du sollst den Herrn, deinen Gott,
lieben von ganzem Herzen, mit ganzer Hingabe,
mit all deiner Kraft
und mit deinem ganzen Verstand.
Und auch deinen Mitmenschen
sollst du so lieben wie dich selbst.«

(LUKAS 10,27)

55
Die Aufrichtigkeit

Die Aufrichtigkeit schritt eines Tages durch die Welt und hatte eine rechte Freude über sich. Ich bin doch eine tüchtige Person, dachte sie; ich unterscheide scharf zwischen gut und schlecht, mit mir gibt's kein Paktieren; keine Tugend ist denkbar ohne mich.

Da begegnete ihr die Lüge in schillernden Gewändern, an der Spitze eines langen Zuges. Mit Ekel und Entrüstung wandte die Aufrichtigkeit sich ab. Die Lüge ging süßlich lächelnd weiter; die letzten in ihrem Gefolge aber, ein kleines, schwächliches Volk mit Kindergesichtchen, schlichen demütig und schüchtern vorbei und neigten sich vor der Aufrichtigkeit bis zur Erde.

»Wer seid ihr denn?«, fragte sie.

Eines nach dem anderen antwortete: »Ich bin die Lüge aus Rücksicht.« – »Ich bin die Lüge aus Pietät.« – »Ich bin die Lüge aus Barmherzigkeit.« – »Ich bin die Lüge aus Liebe«, sprach die vierte, »und diese Kleinsten von uns sind: das Schweigen aus Höflichkeit, das Schweigen aus Respekt und das Schweigen aus Mitleid.«

Da errötete die Aufrichtigkeit, und plötzlich kam sie sich doch etwas plump und brutal vor. (Marie von Ebner-Eschenbach)

Gegen Gottes Wahrheit
können wir ohnehin nichts ausrichten,
wir können nur für sie eintreten.

(2. KORINTHER 13,8)

Segen sei mit dir

Segen sei mit dir,
der Segen strahlenden Lichtes,
Licht um dich her und innen in deinem Herzen.
Sonnenschein leuchte dir
und erwärme dein Herz,
bis es zu glühen beginnt
wie ein großes Torffeuer –
und der Fremde tritt näher,
um sich daran zu wärmen.
Aus deinen Augen strahle gesegnetes Licht,
wie zwei Kerzen in den Fenstern eines Hauses,
die den Wanderer locken,
Schutz zu suchen dort drinnen
vor der stürmischen Nacht.
Wen du auch triffst,
wenn du über die Straße gehst –
ein freundlicher Blick von dir möge ihn treffen.
Und der gesegnete Regen,
der köstliche, sanfte Regen
ströme auf dich herab.
Die kleinen Blumen mögen
zu blühen beginnen
und ihren köstlichen Duft ausbreiten,
wo immer du gehst.

Der Segen der Erde, der guten, der reichen Erde
sei für dich da.
Weich sei die Erde dir, wenn du auf ihr ruhst,
müde am Ende des Tages,
und leicht ruhe die Erde auf dir
am Ende des Lebens,
dass du sie schnell abschütteln kannst –
und auf und davon auf deinem Wege zu Gott.
(Alter irischer Segen)

Das Land gibt sein Gewächs;
es segne uns Gott, unser Gott!
Es segne uns Gott,
und alle Welt fürchte ihn!

(PSALM 67,7f.)